THE HIP

Traducido por Clarita Kohen

The Library of Congress has cataloged the
Greenwillow English-language Edition as follows:
Bang, Molly. Ten, nine, eight.
Summary: Numbers from ten to one are part of this lullaby
which observes the room of a little girl going to bed.
ISBN 0-688-00906-9   ISBN 0-688-00907-7 (lib. bdg.)
[1. Lullabies. 2. Counting] I. Title. II. Title: 10, 9, 8.
PZ8.3.B22Te [E] 81-20106 AACR2

10 9 8 7 6 5 4 3 2 1
Greenwillow Spanish-language Edition, 1997:
ISBN 0-688-15596-0

PARA DEBORAH,
PRESHIEL, SYLVIA, VIKI
Y SUS HIJOS.
Y PARA
DICK Y MONIKA
CON MI
AGRADECIMIENTO
Y CARIÑO

10 deditos lindos, limpios y calentitos.

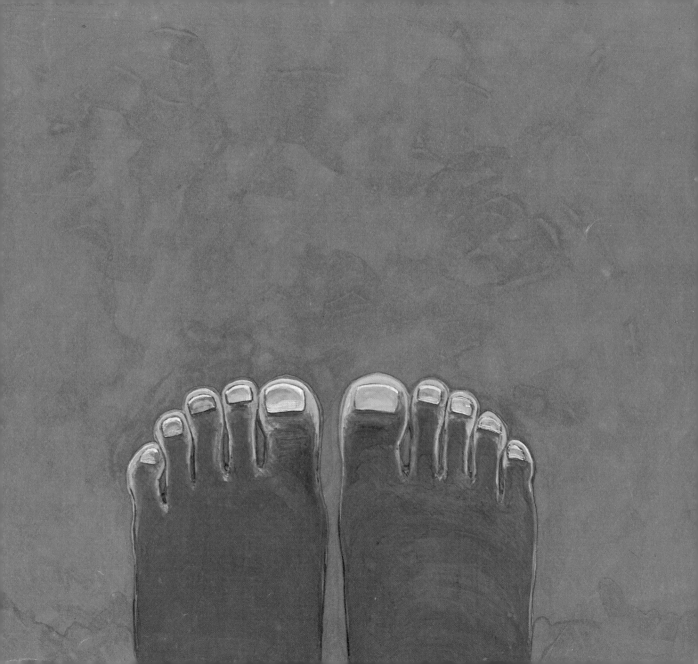

9 amigos suaves,
en un cuarto calladito.

8 cristales cuadrados dejan ver la nevada.

7 zapatos sin pie,
en fila muy ordenada.

6 caracolas blancas,
adornan la habitación.

5 botones redondos
en un lindo camisón.

4 ojitos cansados
que ya se quieren dormir.

3 besos en las mejillas
y uno grande en la nariz.

2 bracitos fuertes
que acarician al osito.

1 niña linda
que ya tiene sueñito.